DOCUMENTS

RELATIFS A LA

QUESTION SÉNÉGALAISE

BORDEAUX

IMPRIMERIE GÉNÉRALE D'ÉMILE CRUGY

16, rue et hôtel Saint-Siméon, 16

1869

AVERTISSEMENT

C'est dans le but de porter à la connaissance de tous les Sénégalais les documents relatifs aux modifications administratives demandées en faveur de la colonie, que nous faisons la présente publication. — Il est bon, du reste, de saisir l'opinion publique d'une question à la solution de laquelle tout le monde, au Sénégal, se trouve intéressé. — Pour démontrer que les améliorations demandées sont parfaitement raisonnables, nous croyons utile de donner, à titre de document complémentaire, l'extrait d'un excellent Rapport adressé au Ministre du Commerce par M. Jacques Siegfried, et demandant pour la Cochinchine des institutions civiles.

I

Bordeaux, 23 juin 1869.

Monsieur le Président,

Messieurs les Membres de la Chambre de commerce de Bordeaux.

Messieurs,

Le 8 avril 1867, nous écrivions à Son Excellence M. le Ministre de la Marine et des Colonies, à propos des droits de tonnage nouveaux dont le Gouverneur du Sénégal venait de grever la navigation par un simple arrêté :

> « Nous tenons à porter à votre connaissance, Monsieur le Ministre,
> » une tradition ancienne dont M. le Gouverneur du Sénégal ne peut être
> » responsable, et d'après laquelle le commerce n'est représenté auprès de
> » l'Administration coloniale que par un seul négociant désigné par le
> » Gouverneur lui-même, et non par le suffrage des administrés. Il arrive
> » souvent que, par suite de cette organisation défectueuse, le chef de la
> » colonie ignore la situation réelle, les vœux et les besoins du
> » commerce. »

Une année s'était à peine écoulée depuis cette lettre, que plusieurs faits nouveaux venaient prouver la justesse de notre observation.

Dans une question de tarif de mercuriales, le Gouverneur mal renseigné a appliqué, à diverses et assez nombreuses marchandises, des prix qui n'étaient pas la représentation de la valeur vraie de ces marchandises. L'application de ces mercuriales provoqua les réclamations de tout le commerce de Saint-Louis. Nous vous en avons saisi par notre lettre du 6 février 1869; nous attendons le résultat de vos démarches auprès de Son Excellence le Ministre de la Marine et des Colonies.

Dans une autre question, celle des boulangeries, M. le Gouverneur, méconnaissant le sage principe de la libre concurrence commerciale, et rompant avec les traditions administratives de ses prédécesseurs, a rétabli un privilége entouré d'une réglementation si sévère et si exagérée, que le résultat a été immédiat : toutes les boulangeries libres ont disparu. Il n'est resté à Saint-Louis et à Gorée que les boulangeries qui ont la fourniture du Gouvernement.

Si le Sénégal avait été doté d'un corps constitué représentant librement les intérêts du commerce, et pouvant contre-balancer le pouvoir de M. le Gouverneur dans ces questions purement commerciales, les deux faits dont nous venons de vous entretenir n'auraient probablement pas eu lieu ; le commerce du Sénégal n'aurait pas eu à supporter une perte et une vexation.

Donc, nécessité d'une représentation du commerce vis-à-vis le Gouverneur du Sénégal.

Les débats récents du Corps Législatif nous ont appris que le Conseil d'État élabore actuellement un projet d'organisation coloniale très-libéral; nous demandons que le Sénégal participe aux avantages accordés à toutes nos autres colonies, avec les modifications nécessitées par la différence des lieux et des populations.

Les droits du Sénégal à cette participation sont le développement considérable et l'accroissement constant des affaires de cette colonie depuis une quinzaine d'années ; affaires qui, au point de vue de la navigation, ont acquis une importance égale et même supérieure à celles de nos autres colonies.

Vous pouvez en juger, Messieurs, par le tableau suivant, publié tout dernièrement par le Ministère de la Marine :

Réunion.....	62	millions d'affaires.	53	mille tonneaux.
Guadeloupe.	42	d°	55	d°.
Martinique..	53	d°	66	d°.
Guyane......	11	d°	18	d°.
Sénégal......	37	d°	39	d°.

Le chiffre indiqué pour le tonnage n'est pas exact, parce qu'il s'expédie directement d'Angleterre beaucoup de marchandises pour les comptoirs français des rivières du Sud, et ces expéditions ne peuvent figurer dans les états de nos douanes.

De plus, en prenant les documents officiels, le *Moniteur officiel du Sénégal*, du 4 mai 1869, évalue le mouvement général de la navigation à 180,000 tonneaux, ce qui n'est pas surprenant, car le port de Marseille reçoit à lui seul plus de 80,000 tonneaux d'arachides.

Ces chiffres vous prouvent, Messieurs, l'incontestable importance de notre colonie sénégalaise, qui cependant est de date bien récente ; nous croyons qu'ils lui donnent le droit de venir vous demander votre aide et votre appui pour obtenir les modifications et les institutions constitutionnelles qu'elle juge indispensables pour assurer son complet développement.

Ces modifications, ces institutions demandées, que nous vous prions de recommander à l'attention de Leurs Excellences MM. les Ministres de la Marine et du Commerce, à celle du Conseil d'État, sont :

1° Que le Gouverneur soit un fonctionnaire civil ;

2° La représentation de la colonie vis-à-vis du Gouverneur ;

3° Le droit d'examen, de contrôle et de vote du budget colonial.

Permettez-nous, Messieurs, d'insister sur le premier de ces trois points que nous jugeons le plus important, en expliquant bien que, par les mots *fonctionnaire civil*, nous ne voulons pas faire d'exclusion ; nous voulons seulement que la *fonction* de Gouverneur soit une « fonction civile, » alors même qu'elle serait remplie par un officier supérieur de la marine ou de la guerre : de telle sorte qu'un gouverneur ne puisse jamais commander en personne une expédition militaire.

Quant au budget, nous croyons être fondés à réclamer le droit d'examiner et de voter la répartition d'un budget de 1,117,000 fr., dont plus de 600,000 fr. sont fournis par les divers droits et taxes supportés par le commerce de la colonie.

Nous espérons, Messieurs, que, convaincus de l'importance du commerce sénégalais, qui est en même temps presque spécialement bordelais, vous voudrez bien nous accorder votre concours, et que vous soutiendrez nos justes demandes auprès du Gouvernement avec le zèle et le dévouement dont vous nous avez déjà donné tant de preuves.

Vos respectueux serviteurs,

Signé H. TANDONNET FRÈRES ; — MARC MERLE, NEVEU ET FILS ; — CHAUMEL, DURIN ET Cie ; — DEVÈS ET G. CHAUMET ; — MAUREL ET H. PROM ; — A. TEISSEIRE ET FILS ; — DEBOTAS, DAVAL ET Cie ; — E. CALVÉ ET Cie ; — MAUREL FRÈRES ; — P. LALUBIE ; — P. DOMECQ ; — P. DUMONT ET Cie ; — DALIDET ET Cie ; — G. THERAIZOL ; — BARRÈRE ; — J. SENGENÈS ; — V. TRIJEARD.

II

Bordeaux, le 1er juillet 1869.

Les Membres de la Chambre de commerce de Bordeaux

*A Son Excellence Monsieur le Ministre de la Marine et des Colonies,
à Paris.*

Monsieur le Ministre,

Nous demandons à Votre Excellence la permission de lui transmettre la copie d'une lettre adressée à la Chambre par diverses maisons occupant dans notre ville un rang des plus honorables. Elles ont avec le Sénégal des relations continuelles et importantes.

Les observations qu'elles présentent, les vœux qu'elles expriment, nous paraissent dignes de tout l'assentiment du Gouvernement de l'Empereur; nous les recommandons de la manière la plus pressante à la sollicitude éclairée et sympathique de Votre Excellence.

Les efforts du pays doivent se porter avec énergie vers l'extension du commerce extérieur, vers le développement de l'activité de la navigation marchande; c'est vers ce but que tendent les traités de commerce et les dispositions législatives à l'égard de la marine marchande qui viennent d'être mises en vigueur. Pour l'atteindre, il est indispensable que, dans les colonies, le commerce éprouve le bienfait d'institutions libérales qui lui donnent les garanties justement réclamées par ses intérêts. Des systèmes restrictifs et surannés sont aujourd'hui un anachronisme déplorable.

Quelle est la cause de l'étonnante prospérité que présentent diverses colonies anglaises, et notamment le Canada et l'Australie? C'est la liberté dont elles jouissent.

L'importance commerciale du Sénégal, attestée par des chiffres positifs et éloquents, a fait de tels progrès, que ces établissements ne sauraient plus rester assujettis à un mode d'administration mis en vigueur à une époque complètement différente de la situation actuelle; l'équité, de même que les intérêts du pays et ceux du commerce français, élèvent la voix pour obtenir de sages améliorations. La Chambre de commerce de Bordeaux connaît les sentiments qui animent Votre Excellence; elle a toute confiance dans le succès que trouveront dans les conseils de l'État, grâce à votre puissant concours, les demandes qu'elle appuie avec une entière conviction.

Nous sommes, etc.

III

MINISTÈRE DE LA MARINE ET DES COLONIES. — DIRECTION DES COLONIES.

1er BUREAU. — N° du Cabinet : 136.

Réception d'une communication relative à l'organisation politique et administrative du Sénégal.

Paris, le 8 juillet 1869.

Messieurs,

J'ai reçu, avec la lettre que vous m'avez fait l'honneur de m'adresser le 1er de ce mois, celle en date du 23 juin dernier, que vous ont transmise plusieurs négociants de Bordeaux en relation d'affaires avec le Sénégal. Vous exposez que les efforts du pays doivent se porter avec énergie vers l'extension du commerce extérieur, et que ce but réclame de nouvelles garanties.

Il n'est assurément pas dans votre pensée de méconnaître le puissant concours qui a été donné par le Gouvernement de l'Empereur au développement commercial du Sénégal et de ses dépendances ; la Chambre de commerce de Bordeaux s'est plu à le constater en diverses circonstances. La Chambre n'admet pas non plus, j'en suis convaincu, que l'organisation actuelle de la colonie se soit opposée à ce développement, puisque les progrès remarquables constatés par les pétitionnaires eux-mêmes se sont produits sous l'influence de cette même organisation, et en dehors des conditions préconisées par la lettre que vous m'avez transmise.

Je ne crois pas d'ailleurs que l'on puisse invoquer l'exemple du Canada et de l'Australie, qui, au triple point de vue du climat, des facilités de travail et de la composition de la population, sont placés dans des conditions qui diffèrent essentiellement de celles que nous avons rencontrées au Sénégal.

Quoi qu'il en soit, je vais entrer dans quelques explications au sujet des divers points abordés par les auteurs de la pétition du 23 juin dernier.

Aux termes de l'ordonnance du 7 septembre 1840, le Conseil d'administration placé près du Gouverneur pour éclairer ses décisions, comprend deux habitants notables, et non un seul, comme on l'indique par erreur. (Voir art. 97 de la dite ordonnance.)

La réclamation formulée contre le dernier tarif de mercuriales arrêté à Saint-Louis, et destiné à régler la perception du droit *ad valorem* à l'importation, a été transmise à l'Administration coloniale le 24 février 1869. Après les explications fournies par M. le Gouverneur du Sénégal, celui-ci a été invité, sous la date du 20 mai dernier, à donner satisfaction à la dite réclamation.

En ce qui concerne la boulangerie, l'Administration locale n'est revenue à la taxe qu'en raison des abus constatés chez les boulangers sous le régime de la liberté. L'appréciation des faits lui appartenait incontestablement, et c'est l'intérêt général qui l'a portée à rétablir ce qu'on avait cru pouvoir supprimer sans inconvénients. Les mêmes circonstances se sont produites en France, où l'Administration municipale n'a pas été privée du droit de maintenir la taxe ou de la faire revivre, après avoir essayé de la libre concurrence.

Quant aux modifications que peut comporter l'organisation politique de nos colonies, et dont il a été question au sein du Corps Législatif, elles ne concernent que la Martinique, la Guadeloupe et la Réunion, dont la constitution sociale n'offre aucune analogie avec celle du Sénégal. C'est seulement lorsque cette organisation aura été arrêtée qu'il sera possible d'examiner dans quelle mesure il sera opportun d'en étendre les dispositions aux autres colonies.

Je ne m'explique pas bien la portée du vœu exprimé au sujet du Gouverneur, qui devrait être revêtu d'une fonction purement civile, et ne jamais commander en personne une expédition militaire. En effet, les Gouverneurs, étant les représentants de l'Empereur aux colonies, ont le commandement supérieur des troupes de toutes armes et des milices dans l'étendue de leur gouvernement. Cette disposition est inscrite dans toutes les ordonnances organiques, et il ne saurait être question d'y faire exception en ce qui concerne le Sénégal.

Néanmoins, j'admets volontiers qu'il est utile de fournir au commerce sénégalais le moyen de suivre plus efficacement le développement croissant de ses propres intérêts, et de se mettre en rapport plus intime et plus régulier avec l'Administration. La création d'une Chambre de commerce à Saint-Louis produirait, sans doute, ce résultat. Je suis également disposé à reconnaître que certaines améliorations pourraient être introduites dans l'Administration intérieure de la colonie. Des renseignements ont été demandés à ce sujet à M. le Gouverneur, qui ne tardera pas, sans doute, à me les faire parvenir. Aussitôt que je les aurai reçus, je les examinerai avec le très-vif désir d'étendre l'action de l'Administration civile dans ce pays.

Recevez, Messieurs, l'assurance de ma considération très-distinguée.

L'Amiral, Ministre Secrétaire d'État
de la Marine et des Colonies,

Signé RIGAULT DE GENOUILLY

IV

Bordeaux, le 6 février 1869.

Monsieur le Président,

Messieurs les Membres de la Chambre de commerce de Bordeaux.

Messieurs,

Nous avons l'honneur de vous exposer que le dernier packet du Sénégal nous a apporté le *Moniteur officiel* de cette colonie, du 29 décembre 1868, où est publiée la liste des mercuriales (déterminant la valeur des marchandises de toutes provenances, tant à l'importation qu'à l'exportation) qui doivent former la base de la perception des droits de douane pendant le premier semestre 1869.

En comparant cette liste avec celle publiée le 23 juin 1868, nous y avons constaté des augmentations de valeur évidemment exagérées; nous nous bornerons à vous citer : la guinée de l'Inde, estimée 15 fr. la pièce, au lieu de 13 fr. 50 c.; les cotons filés écrus et teints, estimés 400, 700 et 800 fr. les 100 kilog., au lieu de 300, 500 et 600 fr.; les bois de sapin, 150 fr. le stère, au lieu de 110 fr.;

Les arachides, portées avec une augmentation de valeur, alors que depuis six mois nous sommes en présence d'une baisse persistante.

Pour les premiers articles, il vous sera facile, Messieurs, de vous assurer que leurs prix, depuis juin 1868, ont toujours été en décroissant.

La lecture complète de la liste des mercuriales nous a donné seule l'explication de ces faits.

Au lieu de trouver, comme précédemment, au bas de ce document les signatures des membres de la Commission de révision, nous n'avons vu que celles de M. l'Ordonnateur et de M. le Gouverneur.

Nous venons tous, Messieurs, protester de la manière la plus formelle contre les augmentations de valeur de ces nouvelles mercuriales, qui auraient pour résultat de porter à 5, 6 p. 100 et au delà, des droits de douane dont une loi a fixé le taux à 4 p. 100 de la valeur réelle des marchandises.

Nous protestons surtout contre la manière dont elles ont été édictées.

Évidemment la Commission de révision, composée d'après les ordonnances ministérielles, de négociants, d'indigènes ayant la connaissance exacte de la valeur des marchandises, en un mot présentant toutes les garanties désirables, n'a pas fonctionné, ou son travail n'a pas été accepté, puisque ses membres n'ont pas signé, selon l'usage, le tarif inséré au *Moniteur*.

Ce tarif émane donc de l'autorité seule de l'Administration.

C'est là, Messieurs, une véritable question de principes administratifs, un fait grave, sur lequel nous vous demandons d'attirer l'attention de Leurs Excellences M. le Ministre de la Marine et des Colonies et M. le Ministre du Commerce.

Il s'agit, pour le commerce colonial, de réclamer le maintien des quelques rares dispositions qui lui permettent de défendre ses intérêts.

Nous vous prions donc, Messieurs, de vouloir bien solliciter avec instance la révision régulière des mercuriales publiées dans le *Moniteur du Sénégal*, du 29 décembre 1868.

Confiants dans votre appui et le succès de vos démarches; nous vous prions d'agréer, Messieurs, l'assurance de notre respect.

Signé Marc MERLE, neveu et fils; — BUHAN et H. RABAUD; — MAUREL et H. PROM; — DEVÈS et G. CHAUMET; — CHAUMEL, DURIN et Cie; — A. TEISSEIRE et fils; — TANDONNET frères.

V

Réponse du Ministre de la Marine et des Colonies

A la lettre du 6 février 1869, relative à la révision de la mercuriale.

Paris, le 9 août 1869.

Messieurs,

M. le Gouverneur du Sénégal et dépendances vient de répondre à la communication que je vous annonçais lui avoir adressée, concernant les plaintes formulées par divers négociants en relation d'affaires avec Saint-Louis, sur l'évaluation de certaines marchandises figurant dans la mercuriale de la colonie pour le premier semestre 1869.

Il résulte des explications fournies par M. le colonel Pinel-Laprade que le prix des arachides et des guinées a été considéré par le Conseil d'administration du Sénégal comme ayant été estimé au-dessous de la valeur exacte de ces produits par la Commission chargée consultativement d'établir la mercuriale, et que ledit Conseil a usé de son droit en leur donnant une évaluation supérieure, plus conforme, selon lui, à la réalité des faits. La taxe ayant naturellement pris pour base cette dernière évaluation et non celle de la Commission qui paraît avoir servi à établir la quotité du droit indiquée par les pétitionnaires, ce droit ne serait pas, comme ils l'ont fait remarquer, supérieur au maximum de 4 p. 100 édicté par le décret du 24 décembre 1864.

Quant aux tissus de coton et aux bois de pin, les évaluations qui les concernent n'auraient été adoptées que sur l'avis unanime de la Commission, composée principalement de négociants, et du Conseil d'administration de la colonie.

M. le Gouverneur du Sénégal ajoute :

« La Commission chargée de la révision des mercuriales, pour le
» deuxième semestre 1869, vient de se réunir. Elle a adopté encore et
» toujours à l'unanimité, pour les cotons et les bois de pich-pin, les
» mêmes valeurs que pour le premier semestre, savoir :

Fils de coton blanc ou écru....	Simples, 400 fr. les 100 kilog., au lieu de 300 fr., comme le demandent les pétitionnaires.
Idem..................	Retors, 700 fr. idem au lieu de 300 fr., idem.
Fils de coton teints	Simples, 700 fr. idem au lieu de 500 fr., idem.
Idem	Retors, 800 fr. idem au lieu de 600 fr., idem.
Bois de pich-pin	150 fr. le stère, au lieu de 120 fr., idem.

» Et cependant les représentants de plusieurs maisons de commerce,
» signataires de la pétition, faisaient partie de la Commission ; s'ils n'ont
» pas soutenu les prétentions de leurs mandants, c'est qu'ils sont en pré-
» sence de faits irrécusables qui démontrent l'énormité de ces pré-
» tentions.

» Les cotons blancs ou écrus, que les maisons de commerce de Bor-
» deaux estiment 300 fr. les 100 kilog., sont vendus par elles, moyen-
» nement, à Saint-Louis, 750 fr. ; les cotons teints, qu'elles estiment
» 500 et 600 fr., se vendent 1,000 et 1,200 fr.

» Quant au bois de sapin, il n'a été coté, pour le premier semestre, que
» 90 fr. le stère, et non 150 fr. C'est le bois de pich-pin qui a été estimé
» 150 fr., et cette estimation a été maintenue à l'unanimité par la Com-
» mission, pour le deuxième semestre 1869, parce que ce bois est devenu
» extrêmement rare, et que même au prix de 150 fr. il n'est pas toujours
» possible de s'en procurer. D'ailleurs, il n'est employé généralement
» que dans les constructions de l'État. »

En présence de ces explications, je ne puis que recommander au Gouverneur de veiller avec soin à ce que les évaluations à introduire dans les mercuriales soient discutées préalablement avec le soin le plus scrupuleux, et de tenir tout le compte possible des propositions faites par la Commission chargée d'en proposer périodiquement les bases.

Recevez, Monsieur, etc.

L'Amiral, Ministre Secrétaire d'État au département de la Marine et des Colonies,

Signé A. RIGAULT DE GENOUILLY.

VI

Bordeaux, le 16 août 1869.

Le Président de la Chambre de commerce de Bordeaux

A *Messieurs* Marc Merle, neveu et fils, *négociants à Bordeaux.*

Messieurs,

Vous avez, de concert avec d'honorables négociants de notre ville, appelé l'attention de la Chambre sur diverses questions intéressant le commerce du Sénégal. La Chambre s'est empressée d'écrire à cet égard à M. le Ministre de la Marine et des Colonies et à M. le Ministre du Commerce. Elle a reçu des réponses que je crois devoir vous transmettre comme étant les premiers signataires des communications qui nous ont été adressées.

Il s'agissait d'abord d'une réclamation sur la valeur fixée par M. le Gouverneur à certaines marchandises, valeur qu'il avait établie sans le concours de la Commission spéciale créée dans ce but, et qui nous est signalée comme supérieure à la réalité des choses ; il résulterait de cette exagération que la proportion de 4 p. 100, fixée législativement pour le droit *ad valorem*, serait de fait dépassée.

M. le Ministre de la Marine nous a répondu qu'il demanderait à cet égard des renseignements au Gouverneur du Sénégal. Ces informations lui étant parvenues, il nous a adressé une lettre en date du 9 août, dont j'ai l'avantage de vous faire passer une copie sous ce pli (n° 1).

Je vous serai reconnaissant de vouloir bien me transmettre les observations que vous jugerez de nature à soumettre à M. le Ministre, s'il y a lieu de répondre aux assertions de M. le Gouverneur de la colonie.

Une autre lettre a été adressée à la Chambre le 23 juin; elle signalait l'opportunité d'introduire quelque modification dans l'organisation administrative du Sénégal, dans le but de donner une plus large part d'influence à l'élément civil.

La Chambre a transmis ces demandes à M. le Ministre en les recommandant à toute sa sollicitude. Vous trouverez sous ce pli une copie de notre lettre du 1er juillet (n° 2), et je vous communique également (n° 3) copie de la réponse qui nous a été envoyée. Vous y verrez que, tout en combattant quelques-unes des demandes qui lui étaient soumises, M. le Ministre reconnaît qu'en quelques points elles sont fondées, et il promet d'y avoir égard.

Je serai heureux, Messieurs, de connaître également les réflexions que pourra vous suggérer la lecture de ce dernier document.

Agréez, Messieurs, l'assurance de ma considération très-distinguée.

CORTÈS.

VII

*RAPPORT de la Commission nommée le 20 septembre 1869
par les négociants de Bordeaux
qui sont en relation d'affaires avec le Sénégal.*

Messieurs,

Vous avez bien voulu, à la suite de la réunion du 20 courant, nous charger de vous présenter un rapport au sujet des quatre points suivants qui ont été discutés dans la dite réunion :

Premier point. — Y a-t-il lieu de demander pour gouverner le Sénégal un fonctionnaire civil?

Deuxième point. — Est-il opportun d'abandonner les territoires annexés depuis quelques années à nos possessions du Sénégal?

Troisième point. — Faut-il demander le maintien de l'organisation administrative actuelle du Sénégal, ou solliciter une administration financière distincte pour Gorée et ses dépendances?

Quatrième point. — Est-il nécessaire de doter le Sénégal d'un Conseil colonial élu pour voter les recettes et les dépenses et émettre des vœux dans l'intérêt de la colonie?

Votre Commission, Messieurs, s'inspirant et de la lettre adressée le

23 juin 1869 à la Chambre de commerce de Bordeaux pour être transmise à Son Excellence le Ministre de la Marine et des Colonies, et de la discussion approfondie à laquelle vous vous êtes livrés dans votre réunion du 20 septembre courant, a résolu de la manière suivante, à l'unanimité, les questions que vous lui aviez soumises :

Premier point. — Le Gouverneur du Sénégal doit être considéré comme fonctionnaire civil, alors même qu'il appartiendrait à la marine impériale ou à la guerre, et, à ce titre, il est désirable que la nouvelle constitution coloniale interdise désormais au Gouverneur de commander en personne aucune expédition militaire.

Deuxième point. — Les territoires annexés à la colonie du Sénégal depuis une dizaine d'années doivent être abandonnés successivement, sous le bénéfice des réserves suivantes :

a) On occupera, comme par le passé, tous les postes fortifiés situés sur les bords du fleuve, et autour desquels existe un centre de commerce ; on occupera aussi ceux avoisinant la baie de Gorée, et l'on en édifiera un sur le point commercial très-important de Rufisque ; enfin, on gardera dans les rivières du Sud les postes qui paraîtront nécessaires.

b) On devra maintenir nos rapports commerciaux avec les diverses peuplades sur le pied actuel, en laissant intactes les franchises que nous assurent les traités.

c) On devra laisser à l'autorité le temps qu'elle jugera nécessaire pour arriver sans secousse à l'abandon des postes de l'intérieur.

Troisième point. — On maintiendra l'organisation administrative actuelle de la colonie, en séparant toutefois les budgets de Saint-Louis et de Gorée d'après les bases ci-après :

Chacune des deux colonies retiendra devers elle ses revenus ;

La subvention accordée par la métropole sera répartie entre elles proportionnellement au chiffre de leurs revenus *actuels*.

Quatrième point. — Le Conseil d'administration tel qu'il existe sera maintenu à Saint-Louis et à Gorée.

Chacune de ces colonies sera, en outre, dotée d'un Conseil colonial élu. Celui de Saint-Louis sera composé de *douze* membres, et celui de Gorée de *neuf* membres. L'élection en sera faite par les patentés et par les personnes portées sur la liste des notables. Cette liste, à partir de la seconde année, sera arrêtée, dans chacune des deux localités, par les membres du Conseil colonial réunis aux membres du Conseil d'administration. Le Conseil colonial nommera les deux délégués du commerce qui siègent aujourd'hui au Conseil d'administration.

Les attributions du Conseil colonial, à Saint-Louis, comme à Gorée, seront les suivantes :

Il se réunira chaque année, à une époque déterminée ; le dit Conseil nommera lui-même son président et son bureau ; il votera le budget des recettes et celui des dépenses. Après ce vote, le budget sera rendu exécutoire dans sa forme définitive par un arrêté du Gouverneur. Dans cette même session, le Conseil colonial aura le droit d'émettre des vœux sur toutes les questions intéressant la colonie. Le Gouverneur convoquera extraordinairement le Conseil colonial chaque fois qu'il le jugera nécessaire ; par contre, lorsque la majorité des membres de ce Conseil, présents dans la colonie, en fera la demande, le Gouverneur devra convoquer le Conseil colonial pour entendre ses vœux. Les procès-verbaux des séances seront publiés au fur et à mesure dans la *Feuille officielle* et adressés au Ministre.

Telle est, Messieurs, la solution donnée aux questions que vous avez posées à votre Commission ; elle croit utile, en outre, de vous fournir les principaux motifs qui ont dicté ses résolutions.

Jusqu'ici, se basant sur une tradition ancienne et sur une difficulté de communications qui, grâce à la vapeur n'existe plus, on avait laissé aux Gouverneurs des pouvoirs presque illimités ; mais ces pouvoirs trop étendus devenaient un fardeau écrasant pour celui qui en était investi : en effet, les fautes inévitables commises par tout homme abandonné à ses seules inspirations s'accumulaient avec les années, et finissaient par peser trop lourdement sur la responsabilité d'un seul, quelque puissamment organisé qu'il fût. Il résultait aussi de cette organisation défectueuse une très-grande instabilité dans la direction des affaires du pays, et vous avez pu voir par vous-mêmes qu'un Gouverneur nouveau s'appliquait parfois à défaire ce qui avait été péniblement édifié par son prédécesseur. Vous avez vu aussi entreprendre des expéditions militaires avec trop de précipitation ; et pour obvier à tous ces inconvénients, vous avez pensé qu'il y a lieu de demander un Conseil colonial élu, afin d'alléger la responsabilité du Gouverneur, et d'indiquer à celui-ci dans quels sens se tournent les vœux de la colonie. Vous avez pensé, enfin, que les institutions doivent être créées pour fonctionner avec des hommes de capacité ordinaire, et de manière à ne jamais soumettre la conscience de ceux-ci à une trop rude épreuve ; et c'est ce qui vous a portés à demander que désormais un Gouverneur ne puisse jamais se mettre personnellement à la tête d'une colonne expéditionnaire, bien qu'il ait sous ses ordres toutes les forces de terre et de mer.

Nous allons maintenant aborder la question de la séparation administrative ou plutôt la séparation budgétaire de Saint-Louis et de Gorée, et nous terminerons par la question des annexions.

Vous savez tous, Messieurs, que Gorée et ses dépendances ont eu pendant un temps un gouvernement séparé, et que, sous ce régime, des inconvénients nombreux ont été constatés. Le commandant supérieur se tenait forcément à la tête de la division navale quand elle allait croiser dans le Sud, et il laissait pendant six mois les rênes de l'Administration à un intérimaire appelé *commandant particulier;* or, durant tout ce temps, les affaires les plus urgentes restaient en suspens ; aussi les habitants de Gorée ne tardèrent-ils pas à redemander leur union avec Saint-Louis. Une expérience d'une dizaine d'années de ce régime a révélé, il est vrai, d'autres inconvénients, mais les meilleures institutions n'en sont jamais exemptes : la vraie sagesse consiste à savoir profiter des leçons du passé et à redresser ce que la pratique a démontré défectueux. On a donc reproché quelquefois à Saint-Louis d'absorber à son profit les ressources de Gorée ; et, tout récemment, on a vu les habitants de Saint-Louis accuser à leur tour Gorée d'absorber une partie de leurs revenus pour les jeter à Dakar dans des édifices tout à fait inutiles. Votre Commission a pensé qu'il y avait un moyen facile de couper court à ces récriminations fâcheuses entre deux colonies sœurs, et ce moyen très-simple et très-juste consiste à laisser à chacune d'elles la disposition de ses revenus spéciaux.

Il nous reste à vous entretenir, Messieurs, de la question grave des annexions. Cette question, cependant, n'a pas paru insoluble à votre Commission; mais, dans sa pensée, on devra l'aborder et en poursuivre la solution avec une grande prudence.

Le Dimar, le Toro et le Fouta proprement dits étaient autrefois d'une turbulence extrême, et pendant un temps il a pu être utile d'intervenir dans la nomination des chefs de ces diverses provinces; mais, depuis quelques années, nos commerçants jouissent dans ces pays d'une très-grande sécurité; aussi, l'Administration sénégalaise a-t-elle abandonné peu à peu l'autorité qu'elle exerçait dans le Fouta central. Nous croyons donc que cette bonne politique pourrait être continuée successivement à l'égard du Toro et du Dimar dès que le moment en paraîtrait opportun. En conservant d'ailleurs nos postes du Fouta, nous n'abandonnons, en fait, rien de notre véritable influence sur ce pays; nous couperons court simplement et pour toujours à une source incessante de difficultés.

Du Dimar, en descendant du fleuve, nous touchons au Oualo, ce petit pays peuplé peut-être de sept à huit mille habitants, et que nous dominons par nos postes de Dagana, Richard-Toll et Lampsar. C'était autrefois la grande route des Maures quand ils allaient piller dans le Yoloff et le Cayor. Le gouverneur Faidherbe fut forcé de s'emparer de ce petit pays, en 1855, comme point stratégique, et il s'est groupé là, sous notre protectorat facile et incontesté, quelques milliers de braves gens qui comptent sur nous. Il est nécessaire, croyons-nous, que la question de savoir si on gardera ou si on ne gardera pas le Oualo soit mûrement et longtemps examinée sur les lieux; on doit se garder de compromettre, par une décision précipitée, les résultats du traité de paix signé en 1858 par le roi des Trarzas, ce chef-d'œuvre de l'administration de M. Faidherbe. Depuis plus de douze ans, en effet, nos bonnes relations avec les Maures n'ont pas cessé un seul jour, et, depuis que l'île de Saint-Louis est reliée au continent par deux ponts, dus aussi à M. Faidherbe, beaucoup de caravanes du désert abandonnant d'elles-mêmes l'ancienne route du Oualo, passent par Saint-Louis pour se rendre dans le Cayor et le Baol, non plus pour y exercer des pillages, mais dans l'unique but de s'y livrer paisiblement au commerce et à l'industrie très-lucrative pour eux des transports.

Du Oualo nous entrons dans le Cayor, et vous savez, Messieurs, que, par suite de la trahison de Lat-Dior, l'abandon de ce pays est la plus grosse question qu'aura sous peu à résoudre l'Administration sénégalaise; mais nous avons l'espoir qu'elle sera résolue sans compromettre l'honneur du pavillon et sans sacrifier nos alliés. Sans avoir la prétention d'entrer dans des détails d'exécution, chose impossible à distance, nous vous ferons remarquer que les anciennes provinces du Cayor ont maintenant des chefs indépendants les uns des autres et qui tiennent énormément à leur position; ce sera à l'autorité de voir si tous ces chefs réunis pour la défense commune ne pourraient pas parvenir à chasser Lat-Dior et à rester maîtres du pays. Dans tous les cas, lorsqu'on jugera le moment venu d'abandonner l'intérieur du Cayor et de détruire des postes dont l'occupation est pour nous trop onéreuse, nous croyons qu'il sera de notre devoir d'offrir à ceux de nos alliés qui voudront quitter le Cayor un asile sûr, soit dans la province de Diander, dont nous allons parler tout à l'heure, soit dans les pays fertiles du Baol et du Sine, dont les chefs nous sont dévoués.

La province de Diander est cette langue de terre qui touche au territoire de Dakar et va jusqu'au Baol. Elle nous sépare de ce dernier, et les caravanes du Baol sont forcées de traverser le Diander pour se rendre à Rufisque; de là, l'extrême importance qu'il y a pour nous de garder cette petite province, très-facile à conserver, du reste, par son voisinage de Gorée. Le regrettable gouverneur Pinet-Laprade avait été si frappé de l'avantage de cette position stratégique, véritable clef du Baol, qu'il avait placé un poste sur chacun des trois chemins qui livrent seuls passage aux bandes venant du Cayor; le reste de la ligne se trouve occupé par des lacs et des bois impénétrables. Du reste, c'est grâce à cette heureuse disposition topographique que, de tous temps, la petite province du Diander, très-fertile et très-peuplée, était restée à peu près indépendante des anciens Damels. Nous devons donc la garder pour maintenir libre le chemin du Baol à Rufisque, sans quoi les futurs chefs du

Cayor ne manqueraient pas de frapper d'un droit à leur profit toutes les arachides du Baol. C'est pour rendre notre position tout à fait inexpugnable dans le Diander que nous avons demandé la construction d'un petit fort à Rufisque, afin de placer hors de toute surprise cet entrepôt important de notre commerce avec le pays très-peuplé, très-productif et très-pacifique du Baol.

Vous vous associerez certainement à nous, Messieurs, en joignant vos regrets à ceux que nous a fait éprouver le triste message apporté par le dernier courrier du Sénégal annonçant la fin prématurée du brave colonel Pinet-Laprade, gouverneur de cette colonie. Ce que le climat et les balles de l'ennemi n'avaient pu faire en vingt ans, une épidémie l'a fait en quelques heures. On appréciera sans doute d'une manière diverse les actes de cet administrateur; mais ce que personne ne lui contestera, c'est un très-grand fonds d'honnêteté, une grande fermeté de caractère et une habileté d'ingénieur consommé, qui lui a permis de construire à peu de frais les jetées de Dakar en dedans desquelles s'abritent, depuis plusieurs années, les paquebots des Messageries impériales.

Agréez, Messieurs, l'assurance de notre dévouement.

Henri JAY; — J. MERLE; — Marc MAUREL.

Les conclusions du Rapport qui précède ont été examinées, discutées et approuvées à l'unanimité dans une réunion tenue le 22 septembre, où se trouvaient représentées les maisons ci-après :

MM. Marc Merle, neveu et fils; Maurel et H. Prom; Devès et G. Chaumet; J.-E. Buhan et H. Rabaud; Teisseire et fils; Maurel frères; Henri Jay; L.-G. Alsace; Chaumel, Durin et Cie; Barrère.

Dans cette même réunion il a été convenu qu'une pétition et un mémoire explicatif, résumant les vœux exprimés dans le rapport de la Commission, seraient adressés à MM. les Ministres de la Marine et du Commerce.

VIII

Bordeaux, 23 septembre 1869

A Son Excellence Monsieur le Ministre de la Marine et des Colonies,
à Paris.

Monsieur le Ministre,

Le dernier paquebot venu du Sénégal nous apporte une triste nouvelle : le brave colonel Pinet-Laprade, gouverneur de cette colonie, a succombé le 17 août à une attaque de choléra. La France perd en lui un serviteur énergique et résolu.

Avant que Votre Excellence n'ait pourvu au remplacement de cet homme éminent, veuillez nous permettre de rappeler à votre souvenir, Monsieur le Ministre, la demande contenue dans notre lettre du 23 juin 1869, à laquelle vous avez bien voulu répondre, le 8 juillet dernier, par l'entremise de la Chambre de commerce de Bordeaux.

Nous exposions à Votre Excellence, à propos du nouveau projet de constitution coloniale qui s'élabore au Conseil d'État, que le commerce et la navigation du Sénégal et dépendances avaient acquis, depuis une dizaine d'années, une importance assez majeure pour mériter à cette colonie des institutions civiles analogues à celles qui seront données à la Martinique, à la Guadeloupe et à la Réunion.

Plus que jamais nous insistons pour obtenir ce bienfait du Gouvernement impérial, car il n'existe certainement pas de motif valable pour exclure désormais le Sénégal du droit commun ; et c'est dans le but d'obtenir le traitement des colonies les plus favorisées, que nous venons vous prier, Monsieur le Ministre, de vouloir bien faire modifier dans quelques-unes de ses parties l'ordonnance du 7 septembre 1840.

Les modifications dont cette ordonnance pourrait être susceptible ont été examinées et discutées par nous dans plusieurs réunions, et nous prenons la liberté de vous les soumettre; nous vous soumettons aussi des vœux dont nous voudrions voir la réalisation prochaine.

Voici le résumé de ces vœux et des dispositions essentielles que nous voudrions voir introduire dans la nouvelle constitution coloniale du Sénégal ; nous donnons ce résumé en quatre points et dans l'ordre de son adoption par les maisons soussignées, toutes établies à Saint-Louis (Sénégal) et à Gorée.

1er Point. — Le Gouverneur du Sénégal doit être considéré comme fonctionnaire civil, alors même qu'il appartiendrait à la Marine impériale ou au département de la Guerre, et, à ce titre, il est désirable que la nouvelle constitution coloniale interdise désormais au Gouverneur de commander en personne aucune expédition militaire.

2e Point. — Les territoires annexés à la colonie du Sénégal depuis une quinzaine d'années doivent être abandonnés successivement, sous le bénéfice des réserves suivantes :

a) On occupera, comme par le passé, tous les postes fortifiés situés sur les bords du fleuve et autour desquels existe un centre de commerce; on gardera la petite province du *Oualo* à cause de sa position stratégique vis-à-vis des Maures, et celle de *Diander,* située près de Gorée, afin d'empêcher l'envahissement du Baol par les chefs du Cayor; et, pour maintenir la route du Baol complètement libre, on édifiera un petit poste fortifié sur le point commercial très-important de Rufisque; enfin, on conservera dans les rivières situées au sud de Gorée les postes qui paraîtront nécessaires.

b) On devra maintenir nos rapports commerciaux avec les diverses peuplades sur le pied actuel, en conservant intactes les franchises que nous assurent les traités.

c) On devra laisser à l'autorité coloniale le temps qu'elle jugera nécessaire pour arriver sans secousse à l'abandon des postes de l'intérieur, *notamment ceux du Cayor central*.

3ᵉ Point. — On maintiendra l'organisation administrative actuelle de la colonie, en séparant toutefois les budgets de Saint-Louis et de Gorée d'après les bases suivantes :

Chacune des deux colonies retiendra devers elle ses revenus ;

La subvention accordée par la métropole sera répartie entre elles, proportionnellement au chiffre de leurs revenus actuels.

4ᵉ Point. — Le Conseil d'administration tel qu'il existe sera maintenu à Saint-Louis et à Gorée.

Chacune de ces colonies sera, en outre, dotée d'un Conseil colonial élu ; celui de Saint-Louis sera composé de *douze* membres, et celui de Gorée de neuf membres. L'élection en sera faite par les patentés et par les personnes portées sur la liste des notables. Cette liste, à partir de la seconde année, sera arrêtée dans chacune des deux localités par les membres du Conseil colonial réunis aux membres du Conseil d'administration. Le Conseil colonial nommera les deux délégués du commerce qui siégent aujourd'hui au Conseil d'administration.

Les attributions du Conseil colonial, à Saint-Louis comme à Gorée, seront les suivantes :

Il se réunira chaque année à une époque déterminée ; il nommera lui-même son président et son bureau ; il votera le budget des dépenses et celui des recettes ; après ce vote, le budget sera rendu exécutoire dans sa forme définitive par un arrêté du Gouverneur. Dans cette même session, le Conseil colonial aura le droit d'émettre des vœux sur toutes les questions intéressant la colonie. Le Gouverneur convoquera extraordinairement le Conseil colonial chaque fois qu'il le jugera nécessaire. Par contre, lorsque la majorité des membres de ce Conseil présents dans la colonie en fera la demande, le Gouverneur devra convoquer le Conseil colonial pour entendre ses vœux. Les procès-verbaux des séances seront publiés au fur et à mesure dans la *Feuille officielle* de la colonie, et envoyés au Ministre.

Tels sont, Monsieur le Ministre, les vœux que nous prions Votre Excellence de vouloir bien prendre en considération ; nous croyons devoir les faire suivre d'un Mémoire explicatif, et si vous jugiez nécessaire de recevoir quelques explications verbales, nous nous empresserions d'envoyer des délégués auprès de Votre Excellence.

Nous sommes avec respect, Monsieur le Ministre,

De Votre Excellence,

Les très-humbles et obéissants serviteurs.

Signé BARRÈRE ; — E. CALVÉ ; — A. TEISSEIRE et fils ; — P. DOMECQ ; — J.-H. TANDONNET frères ; — L.-G. ALSACE ; — CHAUMEL, DURIN et Cie ; — DEBOTAS, DAVAL et Cie ; — MAUREL frères ; — DEVÈS et G. CHAUMET ; — H. JAY ; — Marc MERLE, neveu et fils ; — MONIÉ.

IX

MÉMOIRE EXPLICATIF annexé à la lettre adressée le 23 septembre 1869 à Son Excellence le Ministre de la Marine et des Colonies par les négociants du Sénégal.

Gouverneur et Conseil colonial. — Jusqu'ici, se basant sur une tradition ancienne et sur une difficulté de communication qui, grâce à l'emploi de la vapeur, n'existe plus, on avait laissé aux Gouverneurs des pouvoirs presque illimités. Mais ces pouvoirs trop étendus devenaient à la longue un fardeau écrasant pour celui qui en était investi ; en effet, les fautes inévitables que commet tout homme abandonné à ses seules inspirations, s'accumulaient avec les années et finissaient par peser trop lourdement sur la responsabilité d'un seul, quelque puissamment organisé qu'il fût. Il résultait aussi de ce pouvoir discrétionnaire une très-grande instabilité dans la direction des affaires du pays, et nous avons pu voir plus d'une fois par nous-mêmes un Gouverneur nouveau s'appliquer à défaire ce que son prédécesseur avait péniblement édifié. Il nous est aussi parfois arrivé de voir entreprendre des expéditions militaires avec trop de précipitation ; et, pour obvier à tous ces inconvénients, nous avons pensé qu'il y a lieu de demander un Conseil colonial élu, afin d'alléger la responsabilité du Gouverneur, et d'indiquer à celui-ci, de temps en temps, dans quel sens se tournent les vœux de la colonie. Nous avons pensé enfin que les institutions doivent être créées pour fonctionner avec des hommes de capacité ordinaire, et de manière à ne jamais mettre la conscience de ceux-ci à une trop rude épreuve. C'est ce qui nous a portés à demander que désormais un Gouverneur ne puisse point se mettre personnellement à la tête d'une colonne expéditionnaire, bien qu'il ait sous ses ordres toutes les forces de terre et de mer.

Électeurs, liste dite des Notables. — A Saint-Louis et à Gorée, il n'y a guère, en dehors des fonctionnaires de l'État, que des commerçants sédentaires, tous munis d'une patente, et des commerçants non patentés qui remontent les rivières pour se livrer aux échanges avec les indigènes africains. En demandant que les *patentés* et les *notables* seuls soient portés sur la liste électorale, on n'exclut que ceux qui, sans distinction de race ou de couleur, n'ont pas encore acquis par leur travail une position indépendante. La liste des notables se compose, en effet, de fonctionnaires, de commerçants patentés ou non patentés, indigènes ou européens; c'est une coutume ancienne passée dans les mœurs du pays, et qui ne froisse aucune susceptibilité. En révisant la liste chaque année, et en entourant cette révision des garanties qui sont réclamées, le corps électoral devient accessible indistinctement à tous ceux qui acquièrent les conditions requises par l'usage établi.

Séparation financière de Saint-Louis et Gorée. — Gorée et ses dépendances ont eu pendant un temps un gouvernement séparé, mais des inconvénients nombreux sous ce régime ont été constatés. Le commandant supérieur se tenait forcément à la tête de la division navale quand elle allait croiser dans le Sud, et il laissait pendant six mois les rênes de l'administration à un intérimaire appelé *commandant particulier;* or, pendant tout ce temps, les affaires les plus urgentes restaient en suspens; aussi les habitants de Gorée ne tardèrent-ils pas à redemander leur union avec Saint-Louis. Une expérience d'une dizaine d'années de ce dernier régime a révélé, il est vrai, d'autres inconvénients, mais les meilleures institutions n'en sont jamais exemptes; la vraie sagesse consiste à savoir profiter des leçons du passé, et à redresser ce que la pratique a démontré défectueux. On a donc quelquefois reproché à Saint-Louis d'absorber à son profit les ressources de Gorée, et tout récemment on a vu les habitants de Saint-Louis accuser à leur tour Gorée d'absorber une partie de leurs revenus pour les jeter à Dakar dans des édifices tout à fait inutiles.

Nous avons pensé qu'il y a un moyen très-simple de couper court à ces récriminations fâcheuses entre deux colonies sœurs, et ce moyen très-simple et très-juste consiste à laisser à chacune d'elles la disposition de ses revenus spéciaux.

Annexions. — Fouta. — La question de l'abandon des annexions, quoique difficile à cause des événements récents survenus dans le Cayor, ne nous paraît pas insoluble.

Le Dimar, le Toro, et le Fouta proprement dit, étaient autrefois d'une turbulence extrême, et pendant un temps il a pu être utile d'intervenir dans la nomination des chefs de ces diverses provinces; mais, depuis quelques années, nos commerçants jouissent dans ces pays d'une très-grande sécurité; aussi, l'Administration sénégalaise a-t-elle abandonné peu à peu l'autorité qu'elle exerçait dans le Fouta central. Nous croyons donc que cette bonne politique pourrait être continuée successivement à l'égard du Toro et du Dimar dès que le moment en paraîtrait opportun. En conservant d'ailleurs nos postes du Fouta, nous n'abandonnerons en fait rien de notre véritable influence sur ce pays; nous couperons court simplement, et pour toujours, à une source incessante de difficultés.

Oualo. — Du Dimar, en descendant le fleuve, nous touchons au Oualo, ce petit pays peuplé d'environ sept à huit mille habitants, et que nous dominons par nos postes de Dagana, Richard-Toll, Lampsar et Mérinaghen. C'était autrefois la grande route des Maures quand ils allaient piller dans le Yoloff et le Cayor. Le gouverneur Faidherbe fut forcé de s'emparer de ce pays en 1855 comme point stratégique, et il s'est groupé là, sous notre protectorat facile et incontesté, quelques milliers de braves gens qui comptent sur nous.

Si la question d'abandonner le Oualo se posait quelque jour, il faudrait longtemps réfléchir avant de prendre un parti, car il faut se garder de compromettre par une décision précipitée les résultats du traité de paix signé en 1858 par le roi des Trarzas, ce chef-d'œuvre de l'administration de M. Faidherbe. Depuis près de douze ans, en effet, nos bonnes relations avec les Maures n'ont pas cessé un seul jour, et depuis que l'île de Saint-Louis est reliée au continent par deux ponts, dus aussi à M. Faidherbe, beaucoup de caravanes du désert abandonnent d'elles-mêmes l'ancienne route du Oualo et passent par Saint-Louis pour se rendre dans le Cayor et le Baol, non plus pour y exercer des pillages, mais dans l'unique but de s'y livrer paisiblement au commerce et à l'industrie très-lucrative pour eux des transports.

Cayor. — Du Oualo, en descendant toujours vers le Sud, on entre dans le Cayor. La trahison récente du chef indigène Lat-Dior rend l'abandon de ce pays difficile dans ce moment, et ce sera la plus grosse question qu'aura sans doute à résoudre l'Administration sénégalaise ; mais nous avons l'espoir de voir tout arranger sans compromettre l'honneur du drapeau, sans sacrifier nos alliés et aussi sans détruire inutilement la propriété privée, car nous n'avons pour ennemis que les chefs et leurs *tiedos*, sortes d'esclaves chargés de lever des tributs par la force dans l'intérieur du pays. Si on pouvait prendre Lat-Dior, tout se terminerait en laissant aux chefs des provinces le soin de nommer un nouveau chef ; mais ce sera difficile. Nous n'avons, du reste, nullement la prétention d'entrer dans des détails d'exécution qui sont évidemment hors de notre compétence ; nous ferons simplement remarquer que les chefs des diverses provinces, reconnus par nous, tiennent beaucoup à leur position : ce sera à l'autorité à voir si tous ces chefs, réunis pour la défense commune, ne pourraient pas parvenir à chasser Lat-Dior et à rester maîtres du pays. Dans tous les cas, lorsqu'on jugera le moment venu d'abandonner le Cayor et de détruire des postes dont l'occupation est pour nous trop onéreuse, nous croyons qu'il sera de notre devoir d'offrir à ceux de nos alliés qui voudront quitter le pays un asile sûr soit, dans le *Oualo*, soit dans la province de *Diander* dont nous allons parler ci-après.

Diander. — La province de *Diander* est cette langue de terre qui touche au territoire de Dakar et va jusqu'au Baol. Elle nous sépare de ce dernier, et les caravanes du Baol sont forcées de traverser le Diander pour se rendre à Rufisque : de là, l'extrême importance qu'il y a pour nous de garder cette province, très-facile à conserver, du reste, par son voisinage de Gorée. Le regrettable gouverneur Pinet-Laprade avait été si frappé de l'avantage de cette position stratégique, véritable clef du

Baol, qu'il avait placé un poste sur chacun des trois chemins qui livrent seuls passage aux bandes venant du Cayor; le reste de la ligne se trouve occupé par des lacs et des bois impénétrables. Du reste, c'est grâce à cette heureuse disposition topographique que, de tout temps, la petite province de Diander, très fertile et très-peuplée, était restée à peu près indépendante des anciens Damels du Cayor. Nous devons donc la garder pour maintenir libre le chemin du Baol à Rufisque, sans quoi les futurs chefs du Cayor ne manqueraient pas de frapper d'un droit à leur profit toutes les arachides du Baol. C'est pour rendre notre position tout à fait inexpugnable dans le Diander que nous avons demandé la construction d'un petit fort à Rufisque, afin de placer hors de toute surprise cet entrepôt important de notre commerce avec le pays très-peuplé, très-productif et très-pacifique du Baol.

Bordeaux, 23 septembre 1869.

Signé BARRÈRE; — E. CALVÉ et Cie; — CHAUMEL, DURIN et Cie; — DEVÈS et G. CHAUMET; — A. TEISSEIRE et fils; — DEBOTAS, DAVAL et Cie; — H. JAY; — P. DOMECQ; — MAUREL frères; — Marc MERLE, neveu et fils; — L.-G. ALSACE; — J.-H. TANDONNET frères; — MONIÉ.

X

Bordeaux, 25 septembre 1869.

A Son Excellence Monsieur le Ministre de l'Agriculture et du Commerce, à Paris.

Monsieur le Ministre,

Nous avons l'honneur de vous remettre :

1° Le double d'une lettre du 23 courant adressée par nous à Son Excellence le Ministre de la Marine et des Colonies ;

2° Le double d'un Mémoire explicatif annexé à la lettre du 23.

Nous prions Votre Excellence de vouloir bien appuyer notre demande relative à une amélioration administrative dont nous voudrions voir doter notre colonie du Sénégal.

Nous croyons devoir vous faire remarquer, Monsieur le Ministre, que le 23 septembre, quand les termes de la lettre dont nous vous remettons un double ont été arrêtés, nous ignorions la nomination d'un nouveau

Gouverneur; cette nomination, d'ailleurs, ne diminue en rien l'opportunité d'une demande déjà formulée par nous, il y a trois mois.

Nous sommes avec respect, Monsieur le Ministre,

De Votre Excellence,

Les très-humbles et obéissants serviteurs.

Signé CHAUMEL, DURIN et Cie; — DEVÈS et G. CHAUMET; — L.-G. ALSACE; — P. DOMECQ; — A. TEISSEIRE et fils; — J.-H. TANDONNET frères; — E. CALVÉ et Cie; — A. MONIÉ; — MAUREL frères; — DEBOTAS, DAVAL et Cie; — H. JAY; — BARRÈRE; — Marc MERLE, neveu et fils.

XI

EXTRAIT DU RAPPORT présenté au Ministre de l'Agriculture et du Commerce par M. Jacques Siegfried, *chargé d'une mission commerciale en Cochinchine.*

.... Nous avons l'habitude en France de critiquer l'Administration : il ne pourrait en être autrement, puisque le Gouvernement, en restreignant, comme il le fait, le domaine de l'initiative individuelle, assume sur lui toutes les responsabilités. En vrai Français, je devrais donc, Monsieur le Ministre, commencer par attaquer le Gouvernement de Saïgon, et, si je voulais ne pas tenir compte de toutes les difficultés d'un début, je trouverais peut-être plus d'une chose à blâmer. Je préfère être plus impartial, et dire que, *jusqu'ici et pour le moment du moins,* l'Administration de Cochinchine a bien mérité de la patrie. L'honorable amiral de la Grandière et les hommes profondément dévoués à leur tâche qu'il a autour de lui, ont rendu des services éminents à notre colonie, et il eût été difficile de faire mieux.

Mais ce qui a été bon dans le commencement peut très-bien cesser de l'être lorsque la période de première organisation est passée; et autant j'approuve ce qui a été fait jusqu'ici, autant je désire pour l'avenir de la Cochinchine que le Gouvernement de l'Empereur sache substituer à temps l'administration civile au régime militaire.

Un exemple, le plus frappant et le plus important de tous, suffira pour convaincre de la nécessité de cette substitution prochaine : je veux parler des inspecteurs des affaires indigènes.

A notre arrivée en Cochinchine, nous y avons trouvé un système communal des plus avancés. Chaque commune, composée d'un certain nombre de citoyens les plus riches, que nous nommons les « inscrits », et d'un entourage de gens plus pauvres et qui, eux, n'ont pas droit de vote, était administrée par un conseil de notables et par un maire, lesquels s'occupaient de la répartition de l'impôt, de la gestion des affaires et des rapports avec l'Administration supérieure. Nous avons respecté avec raison cet état de choses qui, en intéressant les populations beaucoup plus à leur clocher qu'à leur mère-patrie, assure notre sécurité politique, et nous avons institué pour nos rapports avec les communes un certain nombre de fonctionnaires européens, que nous appelons les inspecteurs des affaires indigènes. Ils sont aujourd'hui au nombre de 29, soit 1 par 70,000 habitants, et leurs fonctions consistent tout à la fois à contrôler l'administration des maires, à rendre la justice, et enfin à se mettre, en cas de trouble ou de révolte, à la tête des milices natives que déjà nous avons pu organiser parmi les Annamites. Ces inspecteurs sont dirigés par la direction de l'intérieur établie à Saïgon, et qui relève directement du Gouverneur.

Il est évident que des postes aussi importants demandent des hommes préparés à cette tâche multiple, des hommes qui s'entendent en juridiction et en administration, et qui soient autant que possible au courant des idées, des coutumes actuelles et de la langue des Annamites. Or, avec notre gouvernement militaire actuel, où prend-on ces inspecteurs?... Parmi des enseignes et des lieutenants de vaisseau, des officiers de marine, qui, après un stage de trois à six mois auprès d'un autre inspecteur, passent chefs à leur tour. Ces officiers, que la direction choisit, je le veux bien, avec grand soin, n'offrent évidemment pas les garanties nécessaires ; ce sont des gens parfaitement honorables, pleins de bonne volonté, je l'accorde, mais ce sont des militaires avant tout et ce ne sont pas des administrateurs. Et pour comble de malheur, il arrive infailliblement qu'au bout de deux, trois ou quatre ans, lorsqu'ils sont au courant de leur nouvel emploi, ils sont un beau jour élevés en grade, et quittent l'inspectorat pour reprendre la mer.

Il est clair que ce système pèche par la base : au lieu d'inspecteurs militaires et temporaires, il faudrait des hommes élevés spécialement dans ce but, trouvant dans cette carrière une position stable; il faudrait une école spéciale où l'on enseignerait à des jeunes gens de la classe civile la langue annamite, et les principes d'administration et de juridiction nécessaires à cet emploi; il faudrait qu'ils y trouvassent leur avenir, qu'on les élevât successivement à des inspectorats plus importants, de 4e, de 3e, de 2e et de 1re classe; que de là ils eussent la perspective de devenir, s'ils en étaient dignes, directeur de l'intérieur et même gouverneur; il faudrait enfin qu'après un certain nombre d'années de séjour dans ces pays, ils eussent droit à une pension de retraite semblable à celle qui existe pour les *civilians* aux Indes anglaises.

Séparation de plus en plus complète du pouvoir militaire ou naval destiné à assurer la sécurité de la colonie, et du pouvoir civil chargé exclusivement de son administration : tel est, Monsieur le Ministre, le grand progrès à faire, administrativement parlant, en Cochinchine.

www.ingramcontent.com/pod-product-compliance
Lightning Source LLC
Chambersburg PA
CBHW060510050426
42451CB00009B/912